FRÉDÉRIC LACHÈVRE

BIBLIOGRAPHIE

DES

OUVRAGES DE GACON

(LE SINGE DE BOILEAU)

PARIS

LIBRAIRIE HENRI LECLERC

L. GIRAUD-BADIN

LIBRAIRE DE LA BIBLIOTHÈQUE NATIONALE
ET DE LA BIBLIOTHÈQUE DE L'ARSENAL
Successeur
219, RUE SAINT-HONORÉ (Ier)

1927

BIBLIOGRAPHIE

DES

OUVRAGES DE GACON

(LE SINGE DE BOILEAU).

EXTRAIT

D'U

BULLETIN DU BIBLIOPHILE

TIRÉ A 50 EXEMPLAIRES

FRÉDÉRIC LACHÈVRE

BIBLIOGRAPHIE

DES

OUVRAGES DE GACON

(LE SINGE DE BOILEAU)

PARIS

LIBRAIRIE HENRI LECLERC

L. GIRAUD-BADIN

LIBRAIRE DE LA BIBLIOTHÈQUE NATIONALE
ET DE LA BIBLIOTHÈQUE DE L'ARSENAL

Successeur

219, RUE SAINT-HONORÉ (1er)

1927

BIBLIOGRAPHIE
DES OUVRAGES DE GACON
(*LE SINGE DE BOILEAU*)

*François Gacon ne mérite pas une biographie minu-
tieuse. Il suffit de rappeler les principaux événements de
son existence. Par contre, sa bibliographie est intéres-
sante. Presque tous ses ouvrages ont une histoire et une
histoire en quelque sorte scandaleuse. Sa plume lui a
servi à se créer des ennemis et ensuite à les accabler de
sarcasmes. Les attaques de Boileau contre les écrivains
de son temps avaient fondé sa réputation, Gacon, en
marchant sur ses traces, n'a recueilli que la haine et le
mépris. Et cependant ses critiques avaient souvent autant
de raison d'être que celles du grand Satirique. Il est vrai
que Regnard n'a pas été pour Gacon ce que Molière et
Racine ont été pour Boileau, pas plus d'ailleurs que son
talent de rimeur n'est à comparer avec le génie du grand
artiste en vers qu'a été Despréaux. En le qualifiant
« Singe de Boileau », la postérité a mis Gacon à sa
véritable place.*

*
 * *

Voilà la notice de Gacon due à son frère Pierre :

« François Gacon naquit à Lyon le 16 février 1667.
Pierre Gacon, son père, négociant de cette ville, après
lui avoir fait faire ses premières études, le destina au

commerce ; mais bien loin de se prêter aux vues de sa famille il continua ses études, et entra même dans la Congrégation de l'Oratoire, où il fit un cours de Philosophie et de Théologie.

« Après y avoir demeuré cinq ans, il en sortit, et comme il paraissait vouloir embrasser l'État eclésiastique, on lui acheta une charge de Clerc de chapelle chez monsieur le duc d'Orléans, frère unique de Louis XIV.

« Il renonça bientôt à cet employ qui gênoit son goût et sa liberté ; et il se donna tout entier à la Poësie, qui fit son unique occupation pendant plus de trente ans.

« Il exerça son génie sur toutes sortes de sujets et dans tous les genres de Poësies, Satyres, Epigrammes Rondeaux, Epîtres, Odes, Tragédies même et Comédies, tout étoit de son ressort.

« Son penchant naturel pour la Satyre et pour la Critique lui faisoit écouter aisément tous ceux qui le sollicitoient à écrire dans ce genre, sans faire attention aux motifs secrets ou personnels qui pouvoient les animer. De là ces Satyres malignes et outrées contre plusieurs écrivains célèbres, qui affectèrent toujours de ne lui point répondre.

« Il ne paroissoit aucun ouvrage pour le théâtre, soit comédie, soit opéra, soit tragédie, que le *Poële sans fard* (c'étoit son nom poëtique), ne lachât une épigramme ou contre l'auteur, ou contre la pièce, souvent même avant qu'elle eût été représentée. Enfin toujours prêt à attaquer et à se défendre, il se mêla indistinctement dans toutes les disputes littéraires de son temps.

« En l'année 1717, il remporta le prix de Poësie à l'Académie françoise ; mais cette Compagnie ne voulut point permettre qu'il lui en fît des remerciements publics, quoiqu'il l'eût souhaité ; et elle prit le parti de le lui envoyer par M. l'abbé *de Choisi*. Cette démarche, sans compromettre l'Académie, qui faisait connoître son intégrité en lui adjugeant le prix, ne faisoit aucun tort à l'auteur à l'égard duquel elle n'en usoit ainsi que parce qu'il avoit attaqué presque tous ceux qui composoient ce Corps célèbre.

« Il fit la plûpart des *Brevets de la Calotte,* et seconda parfaitement les idées du sieur Aymon, inventeur de cette espèce de Satyre, qui sous le voile d'un léger badinage, ne laissoit pas de porter de rudes coups à ceux qu'on décorait de ces burlesques et comiques Brevets.

« Enfin rebuté de tous ces combats poëtiques, se trouvant par hazard dans un beau Prieuré de l'Ordre de Cluny, et se ressouvenant qu'il avait pris la tonsure dans sa jeunesse, il en sollicita la nomination auprès de M. l'Archevêque de Cambray, prieur de S. Martin-des-Champs, qui en étoit le collateur, et il l'obtint sur la démission du titulaire.

« Ce Prieuré, qui porte le nom de Notre-Dame de Baillon, est situé à neuf lieuës de Paris, dans le Diocèse de Beauvais. Il est d'un très médiocre revenu, mais la situation et les jardins en sont très-agréables. Il en prit possession au mois de février 1723 et y demeura jusqu'à sa mort.

« Il y mourut après une longue maladie le 15 novembre 1725, âgé de 58 ans et neuf mois, et fut enterré dans la chapelle de ce Prieuré.

« Son humeur étoit particulière ; sa conduite l'étoit aussi. Il étoit ennemi du faste, peu capable de travailler pour sa fortune et de s'appliquer à aucune affaire sérieuse.

« Il avoit la mémoire fort heureuse, et on lui a souvent ouï dire qu'il n'avoit jamais rien oublié de ce qu'il avoit appris. Il faisoit des vers avec facilité mais cette facilité a été cause qu'il n'a pas donné à ses ouvrages toute la perfection, qu'il auroit pû leur donner. Il n'y mettoit jamais la dernière main, sur-tout quand ils avoient une certaine étendue, et quoiqu'il avouât de bonne foy ses fautes, ou ses négligences, il ne pouvoit se résoudre à les corriger.

« M. de Villeroy, archevêque de Lyon, lui avoit procuré une entrée dans l'Académie de cette ville,... Il y fut reçu en son absence, et y envoya son remerciement. On y lut depuis une comédie de sa façon. Ce sont les deux seules fois qu'il y a paru quelque chose de lui, sans qu'il y ait été. »

BIBLIOGRAPHIE DES OUVRAGES DE GACON

I. *Epistre | à Monsieur D** | sur son dialogue | Ou | satire X*ᵐᵉ *| Contre les Femmes. | Par le S*ʳ *G** | A Lyon. | M.DC.XCIV (1694).* In-4 de 2 ff. et 7 pp. chiff.

Cette plaquette comprend une Préface et l'Epistre à M. Despréaux (128 v.) : *Fidelle observateur de tes propres maximes,* reproduite dans le *Rec. Moetjens,* T. VI.

Autre édition : *Id.,* 1694. In-8, préface et 5 pp. (Berriat Saint-Prix).

II. *Apologie | pour | m*ʳ *despreaux, | ou | nouvelles satyres | contre les femmes. | marque: A la sphère | M.DC.XCV (1695).* In-12 de 14 pp. chiff.

Cette plaquette se compose de la Préface, l'Apologie...

(62 v.) : *C'est en vain, Despréaux, que Pradon comme un doque* ; une Autre Satyre (74 v.) : *Toy seul sçais Despréaux à l'ayde d'un bon vers* ; une Fable du vieux Lion (17 v.) : *Un lion vigoureux en sa verte jeunesse*, suivie de l' « Application » (12 v.) : *Ce livre pacifique à cause d'un long âge* ; deux épigrammes, la première de 8 v. : *Celuy qui sceut finir la guerre* ; le seconde de 20 v. : *Lors que l'on voit dans l'Ecriture* ; et un sonnet en bouts rimés : *Du plus bel or Grand Roy tu mérite un... Buste.*

Les deux épigrammes ne paraissent pas avoir été reproduites dans les éditions suivantes.

Berriat Saint-Prix dit : Gacon a publié en même temps et sous le même format deux Apologies et d'autres pièces de vers, en tout 16 pp.

III. A) *Discours | satiriques | en vers | A Cologne. | M.DC.XCVI (1696).* In-16.

4 ff. pour le frontispice gravé qui porte : *Le Poëte sans fard ou discours satiriques. Par le Sr G.,* le titre imprimé et la Préface dans laquelle Gacon dit, en terminant, qu'il a enrichi son recueil de la *Satire des Maris*, de l'illustre Monsieur Raynard (*sic*), 183 pp. chiff. et 2 ff. de table. La satire (2 ff.) à J.-B. Bossuet, évêque de Meaux, a été intercalée entre les pp. 34/35, mais figure à la table. La rubrique Cologne est supposée, ce livre a été imprimé à Lyon par Boudet (voir *Procès de Gacon*).

Cette édition comprend 91 pièces en vers dont la *Satire des Maris* de Regnard et un quatrain sur le portrait de Richelet, soit 89 pièces de Gacon dont le Discours au roi, 12 satires, 15 épîtres satiriques, 8 odes, 6 sonnets, 3 fables, 1 rondeau, 32 épigrammes avec notes, 9 chansons à boire, et 3 contes.

Sur ces 91 pièces, 45 n'ont pas été reproduites dans les éditions postérieures à 1697, soit la satire à M. Despréaux : *Fidelle observateur de tes propres maximes*, la « Satire des Maris » de Regnard, la Satire à M. M** : *A quoy bon tant crier contre la Poésie*, 11 épîtres satiriques (sur quinze), toutes les odes, tous les sonnets, toutes les fables, le rondeau,

2 épigrammes (sur trente-deux), 9 chansons à boire et 2 contes (sur trois) :

Voici les noms des auteurs attaqués par Gacon : A..oin, Bardou, mademoiselle Bernard, Boileau, Bordelon, Coras, Thomas Corneille, Coulange, Dacier, Dancourt, Debrie, Delosme de Montchesnay, Duché, Le Clerc, Lelevel (en 1698 : D'Olivet), Longepierre, Mauroy (et non Monroy), Laurent Pégulier, Pérachon, Charles Perrault, Pradon, Préchac, abbé de Pure, Quinault, Richelet, madame de Saintonge, de Vins et Donneau de Visé.

Gacon fut poursuivi sur l'ordre du chancelier Boucherat et subit un mois d'emprisonnement pour quelques vers contre les censeurs des livres de sa *Satire contre les faiseurs de fades Opera (sic), de mauvais livres et de sotes comédies.*

B) *Id. A Cologne | M.DC.XCVI (1696).*

In-16 de 4 ff. non compris le même frontispice gravé, 191 pp. chiff. et 2 ff. de table. Les pp. 184/192 sont occupées par une *Requeste servant aussi de Factum, pour A. S. (Anne Simon) contre A. B. (Antoine Briasson, libraire à Lyon) second mari intimé.* Cette *Requeste* est précédée d'un quatrain :

> A nos seigneurs de Parlement,
> En la Chambre de la Tournelle,
> Où toute affaire Criminelle,
> Est jugée équitablement.

et suivie d'une note. Elle a pour sujet l'adultère imputé à Anne Simon, femme de Briasson, avec Pierre Gacon, frère du poète. Les griefs ou pseudo-griefs du libraire y sont exposés dans les termes les plus cyniques. Briasson qui avait triomphé en première instance, venait de succomber en appel. Pierre Gacon, à l'opposé de François, a laissé à Lyon le souvenir d'un homme de bien, dans toute l'acception de ce qualificatif; il se dévoua aux pauvres. Après s'être créé une grande situation commerciale, il dirigea le séminaire de la Propagation de la Foi, et de la Maison des Riches.

Cette édition aurait été imprimée à Lyon pour les libraires Baritel et Moulin.

C) *Le Poëte sans fard, | ou | discours | satiriques | en vers. | A Cologne, | Chez Corneille Egmont. | M.DC.XCVII (1697).* In-12.

5 ff. prél. y compris un curieux frontispice gravé n'ayant aucun rapport avec le précédent, et qui est de Harrevyn, pp. 11 à 219 et 3 ff. de table. Le texte reproduit la seconde édition de 1696 ; la « satire à Bossuet » est comprise dans la pagination. Dans les sonnets en bouts-rimés sur le prince d'Orange, il n'y a plus le nom, mais seulement les initiales de Guillaume, etc...

Cette édition rare n'est pas à la Bibliothèque nationale.

D) *Le poëte | sans fard | Contenant, | Satires, Epitres et Epigrames, sur | toutes sortes de sujets. | A Libreville (Rouen), | Chez Paul, disant vray, à l'Enseigne | du Miroir qui ne flatte point. | M.DC.XCVIII (1698).* In-12.

8 ff. pour le frontispice gravé différent des deux précédents de 1696 et 1697, une préface nouvelle en vers, un « Avis au Lecteur », l' « Extrait du privilège d'Apollon » en vers, l' « Approbation » en vers et l'errata ; 222 pp. chiff. irrégulièrement, soit 1 à 10, 13 à 15, 18 à 78, 1* à xii* (Satire *Nostradamus et l'Incrédule*, 1*.à vii*. *Satire contre les Atées* (sic), viii* à xii*), 79/80 (n. p.), 81 à 108, 103* à 106* (*Epître au très-reverend Père de La Chaize, confesseur du roy*), 109 à 140, 141* à 143* (*Epître à M*ʳ *Roussel*), 141 à 222, 2 ff. de table et deux titres gravés.

Pour masquer, au verso du f. 221, les deux inscriptions sur le portrait du prince et de la princesse de Conti appelés au trône de Pologne, on a collé quelquefois sur ce verso le f. 5 de l'Epître au Roi.

Quelques exemplaires possèdent encore les pp. 11 à 17 de la Satire à M. Despréaux, *Fidelle observateur de tes propres maximes* qui a été remplacée au cours de l'impression par une nouvelle Satire II : *Enfin vous imprimez, et dès votre préface.* Il semble qu'un rapprochement se soit fait alors entre Boileau et Gacon.

Cette édition, considérablement augmentée, plus de

80 pièces, est, par contre, diminuée de 45 pièces de l'édition de 1697 (A) déjà indiquées et de la *Requeste servant aussi de Factum contre Briasson* avec la note qui la concerne.

Dans les nouvelles pièces de 1698, il y a des attaques contre les auteurs déjà vilipendés dans l'édition de 1697 : Bordelon, Debrie, Delosme de Montchesnay, l'abbé D'Olivet (Lelevel en 1697), Mauroy, Pérachon, Charles Perrault, Pradon et Donneau de Visé. Voici les noms des nouvelles victimes : Bellot (Bellocq), Boyer, Crispin (voir J.-B. Rousseau), Desmarets de Saint-Sorlin (l'auteur de « Saint-Paulin »), Diéreville, Faydit, Langlade, Le Noble, mademoiselle Lhéritier, Mailli, le fils de Ch. Perrault, Ranchin, l'abbé Régnier-Desmarais, Rivière Dufresny, J.-B. Rousseau (Crispin), Sandorgas (Ducamp d'Orgas), Sanlecque et l'abbé de Villiers.

E) *Le | poëte | sans fard, | ou | discours satiriques | sur | toute sorte de sujets | 1701.* In-12.

6 ff. pour le frontispice gravé (celui de 1698), le titre imprimé, un avis « Le Libraire au Lecteur » (nouveau), la préface (en vers) et l'extrait du privilege d'Apollon (en vers) de 1698, 304 pp. chiff. dont les deux titres gravés, et 10 ff. de table.

Cette édition comprend 206 pièces dont 97 sont nouvelles : 6 satires : VIII, X, XXII, XXIII, XXIV, XXV et l'Apologie de la satire, 7 épîtres satiriques : III, VII, XVII, XVIII, XIX, XX, XXVI, la Description du massacre des Innocents, La Nymphe de Chantilly, la Description de Chantilly, 77 épigrammes, 1 épigr. de La Chapelle contre Boileau deux épigrammes de J.-B. Rousseau contre Gacon. Par contre, elle a en moins sur celle de 1698 : 7 épîtres satiriques : IV, V, VI, VII, IX, XX et XXI, 1 conte, 12 épigrammes, et les deux inscriptions pour le portrait du Prince et de la Princesse de Conti, en tout 22 pièces. L'*Avis au Lecteur* (prose et vers) et l'*Approbation* en vers de 1698 n'ont pas été reproduits.

Gacon réitère ses attaques contre les *auteurs* déjà nommés en 1696 et 1698 : Boyer, Dacier, Le Noble, Mailli, Pérachon, Charles Perrault, J.-B. Rousseau (Crépin), l'abbé Regnier-Desmarais et Donneau de Visé. Voici les nouveaux noms : Bayonne, Chavigny, Cousin, Damis (?), Fournier, l'abbé Gasteau, Jurieu, La Chapelle, La Motte, Le Blond, Le Gendre, Saint-Pierre, abbé Tallemant, Testu, Toureil, le peintre Vivien, et un valet de chambre de chez Monsieur.

IV. *Le Secrétaire du Parnasse. 1698.*

Nous n'avons pu découvrir cette plaquette dont un seul numéro a paru. De Laulne, libraire, en avait obtenu le privilège sans dire qu'il s'agissait d'un périodique. Rédigée par Gacon sous forme de lettre, elle contenait des attaques contre ses ennemis. Un arrêt du Conseil privé du roi du 26 mars 1698 a annulé ledit privilège et a interdit l'impression et la vente du *Secretaire du Parnasse* ainsi que du *Poète sans fard.*

Le Secrétaire du Parnasse avait déterminé une riposte : *Satire sur la disgrâce fatale du Secrétaire du Parnasse,* 1698, in-4 de 10 pp. et 1 f. Saisie sur un colporteur le nommé Soulage, ce dernier avait été un instant incriminé.

Gacon a relevé le titre de cette publication en 1723, voir XI.

V. *Emblemes | ou | devises | chrétiennes : | ouvrage mêlé de | Prose et de Vers, | et | enrichi de figures, | Dédié au Roy. | Seconde edition | A Lyon, | Chez Mathieu Chavance, | Libraire, ruë Merciere. | M DCC XVII (1717) |. Avec privilege du Roy.* In-12 (N. Z 17536).

Cet ouvrage est anonyme. Quérard l'attribue, avec raison, dans la *France littéraire* et, d'après Moréri, à Gacon; il cite seulement deux éditions : 1714 et 1718.

Frontispice gravé portant *Devises chrestiennes A Lion chez la veuve Chavance et Mr Chavance fils,* 2 ff. pour le titre imprimé et l'épître dédic. Au Roy (Louis XV) signé M. Chavance, 407 pp. chiff. dont 100 emblèmes environ gravés sur cuivre accompagnés d'un quatrain et suivis d'un commentaire en prose et vers.

Il est certain que l'édition ci-dessus est celle de 1701 (l'originale) au titre renouvelé mais avec une nouvelle épître dédicatoire. L'*Approbation* signée Courcier, théologal de l'Eglise de Paris, porte la date du 14 janvier 1699 ; le privilège (23 janvier 1699), sig. Boucher, a été donné pour douze années, l'achevé d'imprimer est du 25 mars 1701.

Le volume débute par un petit poème allégorique et par une ode sur « l'éducation du Roy » en l'honneur de Villeroy, cette dernière n'est pas reproduite — et elle est bien de Gacon — dans l'édition du *Poète sans fard* de 1701, mais elle se retrouve dans l'édition (A) des *Fables de Houdart de la Motte traduites en vers françois par le Poète sans fard* voir X.

VI. **A)** *Les odes | d'anacréon | et | de Sapho | en vers françois | par | le poëte sans fard. | marque du libraire | A Rotterdam, | Chez fritsch et böhm | M.DCC.XII (1712).* In-12.

2 ff. pour le frontispice gravé et le titre, ccxi pp. pour la Préface ; 354 pp. chiff. et 3 ff. de table.

La préface proprement dite (prose et vers) a xcii pages dont une satire Contre les Flateurs (62 v.) : *Entendrai-je toujours une foule d'auteurs*, des rondeaux, etc., à la suite : Discours apologétique en faveur des Anciens contre les Modernes (prose et vers) ; à la p. clv. Satire sur la mort de Mr Despréaux (74 v.) : *Les fades prosateurs, et les poëtereaux*, suivie de 60 v. adressés à « Messieurs de l'Académie » pour poser sa candidature au fauteuil de Despréaux : *Messieurs puisqu'aujourd'hui Boileau quittant la vie*, dans lesquels Gacon attaque Sanlecque et J.-B. Rousseau ; — p. clxi : « Discours en faveur des traductions en vers (prose et vers) », on y remarque une épître à M. Renard (Regnard) de 40 v. : *O Toi, sur qui le Ciel prodigue en ses largesses* et une ode à Madame la princesse (de Condé) pour obtenir d'habiter le château de la Versine (près de Chantilly) en s'obligeant à en entretenir les jardins (5 st. de 10 v.) : *Princesse, dont le beau génie.*

B) *Les poésies | d'Anacréon, | traduites du grec | en Vers françois. | Par F. G** | A Paris, | Chez Grangé, Libraire Imprimeur, | au Palais, et rue de la*

Parcheminerie, | *vis à vis le Passage S. Severin* |
M.DCC.LIV (1754). In-16.

45 ff. n. chiff. pour la traduction en vers de Gacon des
poésies d'Anacréon, Sapho, et de l'*Idylle des Pêcheurs* de
Théocrite, — et 45 ff. n. chiff. pour le texte grec. — Cette
édition, d'après Quérard, aurait été donnée par J. Cappe-
ronnier et Querlon. Tous les commentaires et attaques de
Gacon ont été supprimés.

C) *Les poesies* | *d'anacréon* | *traduites du grec* | *en
vers françois.* | *Par L. G*** (sic).* | *A Avignon,* | *chez
Jean Albert Joly, Imprimeur —* | *Libraire.* | *1813.*
In-24 de 106 pp. chiff.

VII. A) *Anti-|Rousseau,* | *par* | *le poëte sans fard.*
| *A Rotterdam,* | *Chez Fritsch et Böhm,* | *M DCC XII
(1712).* In-12.

Frontispice gravé de B. Picart par Vander Gauven,
xii pp. chiff. pour le titre imprimé, l'Avertissement et la
Préface, 534 pp. chiff. Entre les pp. 222/223 : une grande
planche se repliant avec ce titre : *Histoire véritable et
remarquable arrivée à l'endroit d'un nommé Roux, fils d'un
Cordonnier, lequel aiant renié son Père, le Diable en prit
possession. Sur l'Air des Pendus,* 13 strophes de 6 vers. —
A la p. 395 : *Recueil de pièces du Sr Saurin contre le
Sr Rousseau.*

Nous avons rencontré deux contrefaçons de cette
édition sous la date de 1712, 512 pp. chiff.

L'*Anti-Rousseau* constitue, en réalité, le troisième volume
de l'édition suivante des « Œuvres » de J.-B. Rousseau :

Les | *Œuvres* | *du S^r* | *Rousseau,* | *Tome I.* | *contenant
ses* | *poésies.* | *A Rotterdam,* | *Chez .....* | *M.DCC.XII
(1712),* in-12. Elle est due vraisemblablement à Gacon et
dirigée contre J.-B. Rousseau. En voici la collation : Frontispice dessiné par Bernard Picart, gravé par B. Bernards,
xxxiv pp. chiff. pour le titre imprimé, l'Avertissement, la
Lettre de Mr Rousseau, la réponse de l'éditeur du 1er septem-

bre 1711, la *Préface* du sieur Rousseau de l'éditionde Soleure, sa lettre à Du Fresny, l'épître en vers du marquis de la Fare et la lettre écrite par le S' Rousseau au S' de Machy..., 56o pp. chiff., les *fameux couplets* se lisent aux pp. 399 à 420 (entre les pp. 420 et 421, il y a un carton de 2 ff. ayant pour titre : *Second avertissement* (pour les couplets). Après la table qui finit à la p. 456, le titre porte : *Pièces tirées de l'édition de Soleure.*

Le T. II | *contenant ses* | *pieces de théatre* | *A Rotterdam* .... (*1712*). Autre frontispice gravé de Bernard Picart, 2 ff. pour le titre imprimé et la table, 480 pp. chiff.

L'abbé de Pons dans sa *Dénonciation.... de l'Homère vengé* de Gacon s'est exprimé en termes virulents sur l'*Anti-Rousseau.*

B) *Histoire* | *satyrique* | *de* | *la vie* | *et des* | *ouvrages* | *de M' Rousseau,* | *en vers ainsi qu'en prose* | *par* | *M' F. Gacon.* | *Si natura negat, facit indignatio versum,* | *Qualemcunque potest, quales ego...* | *Juv. Sat. I.* | *A Paris,* | *Chez Pierre Ribou,* | *quay des Augustins.* | *M.DCC.XVI* (*1716*). In-12.

Même édition que la précédente de 1712. A la suite du titre, 22 pp. chiff. pour les couplets attribués à J.-B. Rousseau, les Nouveaux Couplets.... et les Derniers couplets.

VIII. *Homere* | *vengé,* | *ou* | *reponse* | *a m. de la motte* | *sur l'Illiade.* | *A Paris,* | *Chez Estienne Ganeau,* | *ruë S. Jacques, vis à vis la* | *Fontaine S. Severin, aux Armes de Dombes.* | *M.DCC.XV* (*1715*) | *Avec Approbation et Privilege du Roy.* |. In-12.

Titré gravé : Homere | vengé | par | L. P. S. F. (le poète sans fard). | A Paris | Chez l'Auteur ruë Beaurepaire dans la | maison de Monsieur Perraut sur le derriere. | Avec Privilege du Roy. | M.DCC.XV (1715), et une estampe de Desrochers avec au bas un quatrain qui l'explique.

2 ff. pour le titre imprimé et l'épître dédic. à madame la duchesse du Maine, souveraine de Dombes, signé G***, 462 pp. chiff., 1 ff. pour l'Approbation du 9 janvier 1715

sig. Couture, et le Privilège donné pour six ans, daté du
10 avril 1715, sig. Fouquet.

L'*Homère vengé* se présente sous forme de lettres en prose
ou mélangées de prose et de vers. Les poésies comprennent
2 satires : *L'Ombre de Despréaux* et une adressée à La Motte,
2 épîtres, 1 ode, 26 fables ou poésies allégoriques, 1 conte,
6 rondeaux, 26 épigrammes et plusieurs petites pièces
insignifiantes.

Cet ouvrage a été également dénoncé au Chancelier par
l'abbé de Pons.

IX. *Le journal satirique | intercepté | ou | apologie |
de monsieur | Arrouet de voltaire | et de monsieur |
houdart de la motte. | Par le sieur Bourguignon. |
M.DCC.XIX (1719).* In-8 de 48 pp. chiff.

L'avis suivant se lit au verso du titre :

« Le hazard m'ayant fait tomber entre les mains quelques
Fragmens d'un Journal satirique, ou les excellents Ouvrages
de Mr de Voltaire, et de Mr de la Motte, sont impudemment
satirisez, la vive indignation que j'en ay conceu m'a contraint,
pour ainsi dire, d'être Auteur malgré moy ; heureux si cette
indignation peut suppléer à ce qui me manque du costé
du génie. »

et il est suivi de l' « Approbation » supposée de l'abbé de
Pons, l'ennemi acharné de Gacon :

« Sur la lecture de ces Epigrammes, je crois que le Public
ne rabattra rien de l'estime qu'il a pour les Ouvrages de
Mr de Voltaire et de Mr de la Motte ; et qu'au contraire il
augmentera le peu de cas qu'il a toujours fait de leurs
Censeurs. « L'Abbé de Pons ».

Ce *Journal satirique* attaque l'abbé de Boissy, auteur de
L'Elève de Terpsicore ou *le Nourrisson de la satire*, la
tragédie « *Œdipe* » de Voltaire, etc., etc.

X. A) Titre gravé : *Les fables | de | m^r houdart de la
motte. | Traduittes en Vers François | Par le P. S. F.
| Un tête d'âne sur une lyre | Asinus Ad Liram | Et se*

Vend | Au Café du Mont Parnasse | ou | A la source des Liqueurs | a la Croix du Tiroir. In-8.

136 pp. chiff. Cette édition, quoique beaucoup moins complète que la suivante, renferme cependant nombre de passages qui n'ont pas été reproduits, aux pp. 18 et 19, 34, 42 à 47 (poème, etc.)., 91, 115 (fable, etc.), 130, 133 à 135.

B) *Id.* In-8 de 262 pp. chiff.

Cette édition, nous venons de le dire, est très augmentée, mais aussi diminuée si on la compare à la précédente. Elle contient 12 épigrammes environ dans l'*Apologie de M. Houdart de la Motte* par l'abbé de Pons, 8 épigr. dans la (première) lettre à l'abbé de Pons, 6 épig. dans la seconde lettre à l'abbé de Pons, 9 dans la Lettre de M. l'abbé de Pons à Messieurs du Jardin des Beaux-Esprits, et 11 dans la seconde lettre du même, 2 épîtres à M. de Gesvre et à Houdart de la Motte, 1 fable : « La Cigogne » et 49 fables de La Motte reproduites et refaites par Gacon dont 24 nouvelles environ, sans compter nombre de sixains, huitains et dixains.

Les exemplaires invendus de cette édition ont été remis en circulation sous le titre : *Fables de M. de la Motte, de l'Académie française... Paris, au Café d'Élie, 1723.*

Gacon a raconté dans un factum en vers : *Le Poète et le Libraire aux prises ou le Combat de la Satyre et du Typographe, Factum par le Sieur Gacon contre le sieur Dupuis, libraire, 1721,* l'incident que provoqua son édition desdites *Fables de la Motte* (1).

XI. A) *Le | secretaire | du | Parnasse, | au sujet | de la tragédie | d'inès de castro. | Et Souscriptions désintéressées. | Par le P. S. F. (poète sans fard). | Brochure in octavo, vingt-trois sols. | A Paris, | Chez François Fournier, ruë Saint-|Jacques, aux Armes de la*

(1) Houdart de la Motte avait cédé à Dupuy le privilège obtenu pour ses *Fables* le 5 septembre 1718. L'Approbation de Fontenelle est du 1er mars 1719.

Ville. | *M DCC XXIII (1723)*. | *Avec Approbation et Privilege du Roi* |.

In-8 de 2 ff. pour le titre et l'Approbation, 54 pp. chiff. et 2 ff. pour le privilège du 2 novembre 1723.

L'approbation élogieuse de l'abbé Richard est à retenir.

Id. Et souscriptions desintéressées | *Par M*^r *Gacon Poete Sans Fard.* | *A La Haye,* | *Chez Mathieu Roguet, Libraire* | *dans le Korte Pooten. M.DCC.XXIV (1724)*. In-16 de 52 pp. chiff. et 1 ff. pour l'Approbation.

B) *Suite* | *du* | *secretaire* | *du* | *parnasse,* | *Par le Poete sans fard.* | *Seconde partie.* | *Brochure in-octavo, vingt sols.* | *A Paris,* | *chez François Fournier, rue Saint-Jacques,* | *aux Armes de la Ville.* | *D'Houry fils, rue de la Haye, vis-à-vis la rue* | *S. Severin, au S*^t *Esprit.* | *M.DCC.XXIV (1724).* | *Avec Approbation et Privilege du Roy.* In-8.

2 ff. pour le titre et une nouvelle *Approbation* élogieuse de l'abbé Richard, 48 pp. chiff.

*
* *

A) Gacon a composé 200 inscriptions en vers pour les portraits de la *Collection Desrochers*. Il adressa à M. Desrochers, graveur du roi, une pièce de vers sur une médaille que celui-ci a reçue de l'Empereur, en 1723.

B) *Recueil de pièces du régiment de la Calotte* (1). *A Paris, chez Jacques Colombat, Imprimeur privilégié du Régiment. L'An de l'Ere calotine 7726 (1726).* In-16.

Frontispice représentant les armoiries du régiment de la

(1) Une édition de ce recueil, moins complète, avait paru en 1725, sous le titre : *Mémoires pour servir à l'histoire de la Calotte. A Basle, chez les Héritiers de Brandmyller, 1725* (Hollande), 2 parties en 1 vol. pet. in-8.

Calotte et 10 ff. (pp. 1 à xx) pour le titre, la préface et la table des pièces, 276 pp. chiff.

Ce recueil collectif contient les pièces suivantes signées ou anonymes de Gacon :

P. 8, Brevet de fabricateur de lettres patentes ; p. 15, Brevet de garde des Sceaux à M. d'Argenson (n. s.) ; p. 23, Brevet pour l'érection d'un buste à Saint-Martin ; p. 35, Brevet de primat de la Louisiane, accordé en mai 1721, à l'abbé Tencin ; p. 47, Brevet pour l'Académie des Inscriptions ; p. 54, Brevet de pension accordé à Baron, comédien rentré de la Comédie après avoir été près de trente ans sans jouer ; p. 56, Brevet de premier médecin à Falconnet (n. s.) ; p. 64, Placet de Coypel à M. le Régent (n. s.) ; Réponse au Placet de Coypel (n. s.) ; p. 67, Brevet de Chef des Mécontens pour le sieur Du Quesnoy, receveur général en la généralité de Montauban ; p. 70, Brevet d'ingénieur au Sr Thomas, avec la survivance pour les sieurs de La Chaumette et Darda (Dardalière) ; p. 97, Brevet de grand Clitoriseur accordé au sieur Piccini, Italien de la musique du roi ; p. 90, Brevet de Controlleur général des Bâtimens du régiment de la Calotte pour le sieur Oppenor, à cause du bon goût et de la solidité de ses édifices (n. s.) ; p. 98, Invitation à tous les sujets du Régiment, de se trouver au bal de madame la princesse des Asturies la veille de son départ ; p. 103, Brevet de Primat de l'Eglise militante à M. F.... ancien évêque de F.... ; p. 146, Brevet pour le sieur d'Herlac ; p. 152, Brevet d'inspecteur de la Musique et de la Danse du Régiment de la Calotte, pour le sieur de Landivisio (n. s.).

Mémoires pour servir à l'histoire de la calotte. Nouvelle édition augmentée d'une troisième et quatrième parties. A Moropolis, Chez le libraire de Momus, à l'enseigne du Jésuite démasqué. M.DCC.XXXV (1735).

In-12 de 6 ff. pour la titre, l'ép. dédic. à N. S. les régens de la calotte, l'explic. des armes du régiment de la calotte et la table par le moyen de laquelle on proposoit en 1724 d'augmenter les *Mémoires pour servir à l'histoire de la Calotte,* 192 p. chiff. pour la Ire partie ; 156 p pour la IIe p. ; 161 pp. chiff. et 3 ff. de table pour la IIIe p. ; 36 p. pour la IVe p.

Cette édition ne contient, de plus que l'édition précédente, qu'une pièce de Gacon non signée : Autre brevet pour madame de La Vrillière (1724), IIe p., p. 109.

C) La *Revue Rétrospective* a publié dans son T. II, 1834, pp. 149 à 158, sous ce titre « Lutte satirique entre Crébillon (le père) et Gacon », une série de pièces échangées entre Crébillon et le *Poète sans fard* au sujet de madame de Gontaud, célébrée par Gacon aux eaux de Forges où ils étaient tous deux.

D) La Bibliothèque de Lyon possède plusieurs manuscrits en partie inédits de Gacon, n°s 749, 750, 751-753 et 773; la Bibliothèque Méjanes (d'Aix-en-Provence), le Ms. 188, *OEuvres de M. Gacon qui n'ont pas été comprises dans le recueil de ses pièces imprimées.*

Enfin son ode qui avait obtenu le prix de poésie décerné en 1717 par l'Académie française a été publiée dans le *Recueil de plusieurs pièces d'éloquence et de poésie présentées à l'Académie française pour les prix de l'année M.DCC.XVII... Paris. J.-B. Coignard,* 1717. In-8 (Voir notice biographique),

N. B. M. Gustave Macon a bien voulu nous signaler la plaquette suivante :

Description | de | Chantilly en vers François | par le sieur G... | A Paris, au Palais | chez Claude Barbin, sur le Perron de la Sainte Chapelle | 1698 | avec permission. In 4 de 8 pp.

Cette plaquette contient *La Nymphe de Chantilly* et la *Description de Chantilly.* Les 4 premiers vers de cette dernière pièce adressée au comte de Portland, ambassadeur d'Angleterre qui visita Chantilly à la fin de 1698, ont été remplacés dans l'édition du *Poète sans fard,* de 1701, par 12 vers où il n'est plus question de milord Portland.